QUESTION D'ORIENT

CAPITULATIONS EUROPÉENNES

QUESTION

D'ORIENT

CAPITULATIONS EUROPÉENNES

PAR

LE DUC DE VALMY

ANCIEN DÉPUTÉ.

PARIS

IMPRIMERIE DE L. TINTERLIN ET Ce

RUE NEUVE-DES-BONS-ENFANTS, 3.

1856

QUESTION

D'ORIENT

La question d'Orient renferme deux problèmes : celui de l'équilibre européen et celui de la civilisation d'un peuple qui a été grand dans l'histoire.

Ces deux problèmes sont si étroitement liés que l'un ne peut être résolu sans l'autre, en ce sens que la civilisation de ce peuple d'Orient est le fondement nécessaire de l'équilibre de l'Europe.

Jusqu'à nos jours les cabinets européens avaient abordé timidement ces problèmes. Pendant vingt-cinq ans les événements avaient traîné la politique à leur suite, et les questions, nées des prétentions de la Russie et des envahissements du pacha d'Égypte, avaient été résolues au jour le jour seulement.

Les dangers de cette politique attermoyante étaient évidents; ils avaient été signalés plus d'une fois, et, s'il est permis de citer ici une opinion personnelle, nous rappellerons qu'en 1839, nous avions dit que cette politique conduisait l'Europe à la crise dont nous venons d'être les témoins. Nous demandions alors des résolutions énergiques pour garantir à la Turquie l'indépendance et l'intégrité qu'on se bornait à écrire dans les notes diplomatiques, et sous les plus timides réserves. Le sultan Mahmoud, dont la parole devait avoir quelque autorité, disait, en vain, à ses alliés de France et d'Angleterre :

« Les puissances occidentales m'ont offert, il est vrai, « sans cesse leur appui contre la Russie; mais comme jus- « qu'à présent leurs offres d'appui n'ont pas eu, quand « j'avais besoin d'elles, plus d'effet que leurs menaces en- « vers la Russie, quand elles protestaient contre le traité « d'Unkiar-Skelessi qu'elles m'ont laissé imposer; comme « elles ont montré des flottes, passé des notes, mais que « finalement j'ai vu la Russie prévaloir et maintenir son « traité, je ne prendrai confiance dans la parole des puis- « sances que *quand leurs flottes auront passé les Darda-* « *nelles*. Ce sera alors, mais seulement alors, que je ma- « nifesterai mes sentiments, parce qu'auparavant je ne « pourrais le faire sans me perdre; et, jusqu'à ce moment- « là, quelles que soient les exigences de la Russie, j'y « céderai. »

Ce langage n'était pas entendu, ou du moins n'inspirait aux ministres les plus téméraires, que des notes toujours impuissantes. L'épée de la France était dans leurs mains comme le trait sans portée du guerrier mourant de Virgile :

Telum imbelle sine ictu.

Sous l'influence désastreuse de cette politique, nos raisonnements de 1839 étaient justifiés, et les prévisions du sultan Mahmoud s'accomplissaient comme sous la loi d'une impérieuse fatalité.

Les désordres dont l'Europe fut le théâtre, en 1848, précipitant la marche des événements, il devint évident que l'heure d'une catastrophe était prochaine; bientôt les conversations de l'empereur Nicolas avec l'ambassadeur d'Angleterre ne laissèrent plus de doute à ce sujet; on fut contraint de reconnaître que les traités de protection dont la Russie était armée, lui avaient donné les clefs de Constantinople, et chacun put la voir, ainsi que nous l'avions vue en 1839, assise aux portes de cette capitale comme au chevet d'un mourant, prête à lui dicter ses dernières volontés.

Mais la Providence avait d'autres vues sur l'Orient. Dans le moment même où la Russie supposait la France plus que jamais réduite à un rôle impuissant, la politique française, retrouvant ses plus nobles inspirations, s'est armée pour sauver l'Empire ottoman, dans le seul intérêt de la civilisation et de l'équilibre de l'Europe. Elle a envoyé nos légions au delà de ces détroits que le sultan Mahmoud nous avait demandé de franchir, et l'héroïsme héréditaire de nos soldats, répondant à ce généreux appel, vient d'assurer le triomphe de la cause que la politique de 1839 n'avait soutenu que de ses vœux. Déjà les plénipotentiaires des grandes puissances, réunis à Paris, ont délibéré sur les conditions de l'équilibre européen ; il ne reste plus de doute sur le succès d'une négociation entamée sous les auspices du vœu général de l'Europe, sous l'inspiration d'une noble résignation, et le lendemain d'un siége non moins glorieux pour ceux qui l'ont soutenu que pour ceux qui l'ont affronté. Le premier problème de la question d'Orient touche donc à un dénouement désirable, et rien ne paraît manquer à ce que le droit public et l'indépendance de l'Empire ottoman attendaient de l'Europe.

D'un autre côté, la cause de la civilisation, le second problème de la question d'Orient, vient de faire un pas décisif vers une heureuse solution.

Le sultan Abdul-Medjid, confirmant ce que le sultan Mahmoud, ce que lui-même avait décrété dans l'intérêt de ses peuples, vient de publier une sorte de déclaration de droits qui répond à toutes les espérances qu'il était permis de concevoir pour le triomphe de la civilisation en Orient.

Sans reproduire ici le texte de cette déclaration, qui a été répandue dans toute l'Europe, il est nécessaire d'en signaler les principales dispositions.

Le premier principe proclamé est celui de l'égalité de tous les sujets du sultan devant la loi. Puis vient la confirmation de toutes les garanties déjà promulguées pour la sécurité et l'honneur des personnes ; le droit d'intervention de toutes les communautés non musulmanes dans la direction de leurs affaires spirituelles et temporelles, notamment dans l'élection de leurs chefs ; la consécration des droits du clergé des différents cultes sur leurs propriétés mobilières et immobilières ; la liberté des cultes ; l'admissibilité de tous à tous les emplois ; la liberté d'enseignement sous le contrôle supérieur de l'État ; la publicité des débats judiciaires ; l'établissement des tribunaux mixtes pour juger les conflits entre les sujets musulmans et non musulmans ; la réforme du Code pénal et du système pénitentiaire ; l'égale répartition des impôts ; la publicité des comptes du trésor ; l'admission des membres des différentes communautés religieuses dans le conseil suprême pour toutes les questions se rattachant à un intérêt général.

Si l'on veut se rappeler les principes que la fin du dernier siècle et le commencement de celui-ci ont vu éclore parmi les nations européennes, on reconnaîtra que ces premiers-nés de la civilisation offrent peu d'avantages sérieux qui ne soient pas reproduits dans la déclaration du sultan. Il faudra même convenir que la situation particulière de l'Empire ottoman imprime à l'adoption de ces principes un cachet de grandeur inusité. Proclamer l'égalité et l'union entre des races que des traditions nationales et religieuses maintenaient, depuis plusieurs siècles, dans un assujétissement et un antagonisme incessants, c'est donner au monde civilisé le gage le plus sérieux de la ferme volonté du sultan et de son adhésion sincère aux principes qui font l'honneur et la prospérité de l'Europe moderne.

Enfin, si nous voulons nous souvenir encore des flots de sang versés pour écrire ces principes dans nos lois, nous ne serons pas trop sévères pour les débuts d'une réforme aussi fondamentale et aussi pacifique.

La carrière ouverte par le sultan est sans doute difficile à parcourir et les obstacles qui l'embarrasseront sont nombreux, cependant il ne faut pas croire à des difficultés insurmontables. L'Islamisme lui-même, cette loi politique et religieuse dont on fait le boulevard du *statu quo*, n'est pas aussi inaccessible qu'on le suppose. Le véritable ennemi de la civilisation en Orient, c'est, par dessus tout, l'état des mœurs et l'esprit des nations qui l'habitent, c'est l'état d'épuisement et d'insouciance qui a dû succéder aux guerres d'extermination qui ont désolé cette partie du monde pendant plusieurs siècles. Après tout, la civilisation est venue d'Orient, elle doit y retourner. Le Coran a emprunté au Christianisme trop de vérités pour être un obstacle insurmontable à la civilisation chrétienne de l'Europe moderne. Déjà les successeurs de Mahomet à Constantinople ont obtenu des résultats que l'on croyait inconciliables avec les préceptes de l'Islamisme, et on est en droit d'espérer que leurs premiers succès les soutiendront dans l'accomplissement de leur juste entreprise.

D'un autre côté, si les sujets de l'Empire ottoman veulent se rendre compte des sacrifices que les autres nations ont dû faire pour conquérir des principes qui ne sauraient aujourd'hui leur coûter qu'un effort de volonté et de raison, ils remercieront la Providence de leur avoir donné un souverain dont la puissante initiative s'efforce de les conduire au même but, sans passer par les mêmes épreuves.

Quoi qu'il en soit, il ne s'agit plus d'examiner quelles sont les chances de la civilisation dans l'Empire ottoman au point de vue des mœurs et de la religion de ses sujets. La résolution est prise : *Alea jacta est.* La parole est aux événements, c'est à l'avenir que nous devons prêter l'oreille ; il suffit d'avoir constaté que le sultan Abdul-Medjid accomplit, avec résolution et intelligence, une mission franchement adoptée. Désormais, ce qui importe, c'est de demander à l'Europe tout le concours qu'elle doit à l'œuvre de la civilisation de l'Empire ottoman, afin de compléter la mesure des glorieux sacrifices qu'elle a déjà faits pour assurer l'indépendance de cet empire.

Les puissances occidentales ont donné, sans doute, à la Turquie, le concours de leurs conseils les plus éclairés, cependant elles n'ont pas encore entamé l'œuvre la plus importante, au point de vue de la civilisation ; elles ont aujourd'hui, comme toutes les nations qui ont établi des relations avec l'Empire ottoman, un grand devoir à remplir ; ce devoir, c'est de réformer toutes les capitulations anciennes qui règlent leurs rapports avec cet Empire.

Déjà, en 1850, nous avons appelé l'attention de l'Europe sur cette grave question, déjà nous avons dit que la réforme des capitulations était le corollaire de la réforme administrative, et nul aujourd'hui ne peut nier la nécessité de cette réforme.

Lorsque ces traités, ou pour mieux dire ces priviléges,

ont été stipulés par l'Empire ottoman, le droit des gens était à peine défini, les nations commençaient à en poser les premiers principes, et la trace de cette époque de luttes nationales a dû se graver particulièrement dans les traités d'une puissance chrétienne avec un État nouveau qui s'était formé par la conquête. L'antagonisme des religions et des nationalités était si absolu, que les rapports des étrangers avec les musulmans ne pouvaient exister qu'à l'abri d'une protection exceptionnelle et de privilèges exorbitants.

Aujourd'hui que tout est changé en Europe et que le droit public y repose sur des bases certaines; aujourd'hui que l'Empire ottoman lui-même, abdiquant son antagonisme religieux et politique, ouvre ses États à la civilisation moderne et obtient des lettres de naturalisation dans la grande famille européenne, il est évident que les traités qui avaient réglé les premiers rapports de l'Europe avec la Turquie ne peuvent plus répondre aux besoins des relations nouvelles, et qu'il est urgent de réformer ces traités.

Si la logique la plus vulgaire commande cette réforme, l'examen le plus sommaire de la question suffira également pour confirmer la sentence de la logique.

Personne n'ignore que la France a été la première nation chrétienne qui ait établi des relations régulières avec les souverains de Constantinople. C'est François Ier qui a conclu avec Soliman le Canoniste, en 1535, les premières capitulations en faveur du commerce étranger et de la religion catholique dans les États du Grand

Seigneur. Ces capitulations, que l'esprit du temps n'a pas comprises, que l'histoire n'a pas toujours appréciées avec justice, peuvent être considérées, eu égard à leur date, comme les premières conquêtes de la civilisation et de la tolérance. On sait qu'elles ont été d'ailleurs pour la France la source d'une grande prospérité commerciale et d'un grand ascendant politique, et qu'elles ont donné à son pavillon, pendant près de trois siècles, le monopole du commerce du Levant; on ne doit pas ignorer non plus qu'elles sont devenues successivement la base des relations de toutes les nations chrétiennes avec l'Empire ottoman.

Mais, d'un autre côté, il est certain que ces traités ne sont plus en harmonie avec les temps nouveaux, et que les fonctionnaires appelés à en surveiller l'application sont unanimes sur la nécessité d'une réforme.

Les cabinets de l'Europe sont représentés à Constantinople par des hommes trop éclairés pour ne pas avoir compris que cette mesure est également recommandée par les intérêts de la Turquie et ceux de ses alliés.

Il y a plus d'un siècle qu'un homme très-compétent en cette matière, M. Deval, premier secrétaire interprète de France à Constantinople, s'exprimait en ces termes :

« Les traités de la France avec la Porte étant le fon-
« dement de la sûreté des Français dans les États du
« Grand Seigneur, la règle du commerce qu'ils y font
« et la base de l'exercice de la religion en Turquie, les
« Français qui résident dans le Levant ne sauraient trop

« connaître le fort et le faible de ces traités, pour y pro- « portionner, chacun suivant son état, ses démarches « et ses opérations. L'on ne doit pas attendre pour cela « des circonstances difficiles ni des affaires de discus- « sion, d'autant plus qu'il arrive souvent qu'après avoir « trouvé chez les officiers turcs certaines facilités, on « est ensuite exposé, même dans des cas semblables, « à éprouver de leur part des difficultés contre les- « quelles on ne s'était assuré que sur des préjugés peu « fondés : si cette alternative dans les procédés des « Turcs provient souvent de leur part, elle ne trouve « pas moins d'appui dans la tournure, quelquefois lou- « che, et dans les expressions plus ou moins faibles de « certains articles des capitulations qui, n'étant pas « rendus exactement dans la traduction, engagent les « négociants, et plus encore les missionnaires, dans « des licences auxquelles ils se croient autorisés par les « capitulations, et peuvent compromettre les ambassa- « deurs et les consuls dans des contestations désa- « gréables vis-à-vis des officiers turcs. Il était bien diffi- « cile que ces observations échappassent à l'attention « particulière que M. le chevalier de Vergennes a cons- « tamment donnée aux affaires relatives à son ministère « à la Porte. »

L'époque reculée à laquelle il faut reporter ces observations, doit en faire comprendre toute la gravité. En 1761 on ne soupçonnait pas les relations qu'on pouvait avoir avec la Turquie ; on venait de renouveler les capitulations (en 1740) ; on se trouvait encore vis-à-vis d'un peuple qui était séparé des autres peuples de l'Europe par un profond antagonisme, et cependant on comprenait déjà que nos relations avec la Turquie reposaient sur des textes douteux et d'une application difficile.

Ce simple exposé suffit pour donner une idée des complications et des froissements que peuvent susciter, de nos jours, des traités conclus sous l'influence d'un état de choses qui est complétement changé. Il ne faut pas d'ailleurs beaucoup de réflexion pour comprendre que depuis le temps où M. Deval écrivait les lignes qu'on vient de lire, les capitulations s'étant étendues, comme nous l'avons dit, à presque toutes les nations européennes, cet élément de difficultés a pris des proportions d'autant plus menaçantes pour le maintien des bonnes relations de la Turquie avec ses alliés.

Les choses en sont arrivées à ce point, qu'il ne serait pas juste de rendre le gouvernement turc responsable des désordres qui se commettent sur son territoire, comme on y serait fondé vis-à-vis de tout gouvernement européen. A Constantinople, les capitulations ont créé des prétentions qui y sont la plupart du temps la cause des désordres et des conflits entre les étrangers et les indigènes.

Dernièrement on s'est ému avec une vivacité que les circonstances semblaient justifier, de plusieurs conflits sanglants qui ont eu lieu à Péra, et on fait à la police turque de vives remontrances sur l'impuissance de son intervention, soit pour prévenir, soit pour réprimer de semblables désordres.

Cependant la police turque a répondu que son action suffisait à maintenir le bon ordre dans tous les quartiers de la capitale habités par les Turcs, les Grecs et les Arméniens ; que son impuissance ne devait pas être imputée à sa négligence, mais aux obstacles qu'elle rencontrait dans les prétentions des étrangers et dans les priviléges qui y donnaient lieu.

Il est certain que, soit par l'effet de l'action de l'autorité, soit par une conséquence des habitudes régulières des sujets ottomans, l'ordre n'est presque jamais troublé dans les quartiers exclusivement habités par les Turcs, les Arméniens ou les Grecs. Dans les quartiers habités par les Européens, au contraire, les désordres sont assez fréquents et doivent être considérés comme une suite naturelle de l'impunité que les capitulations assurent presque toujours aux délinquants. Si un crime quelconque est commis, le criminel a la facilité de se jeter dans un domicile où la police turque ne peut jamais avoir accès, fût-ce même pour saisir un sujet de l'Empire, sans avoir recours aux formalités les plus incompatibles avec une prompte répression. Il faut toujours réclamer l'intervention des chancelleries étrangères pour franchir le seuil du domicile d'un étranger, et le criminel a le temps d'échapper à toutes les poursuites pendant que cette difficile formalité s'accomplit.

On comprend qu'un droit d'ex-territorialité soit admis partout, aujourd'hui, en faveur du personnel des légations étrangères ; mais étendre ce droit, comme le font les capitulations, à tous les commerçants, à tous les voyageurs que des circonstances quelconques appellent en Turquie, c'est évidemment attenter à l'indépendance de ce pays et créer un droit d'impunité qui entrave l'action régulière de l'autorité. Ce n'est pas tout : lorsque, par un hasard heureux, la police a pu appréhender le coupable, l'action de la justice rencontre à son tour d'invincibles obstacles. L'instruction de l'affaire ne peut s'opérer que sous les yeux et sous la tutelle des agents étrangers qui, souvent, par esprit de nationalité et même par des motifs moins avouables, se montrent favorables aux prévenus et ne négligent rien pour leur assurer une déplorable impunité.

Il résulte de ces faits, trop souvent renouvelés, que les capitulations, appliquées à un grand nombre d'étrangers, ont créé un État dans l'État, et que la police a perdu son action nécessaire en présence des immunités exceptionnelles qui enlèvent à sa juridiction les faits et gestes des sujets étrangers. C'est ainsi qu'une situation protectrice des Francs ou des Chrétiens dans un temps où l'Empire turc était en dehors du droit public des nations de l'Europe, a pu devenir un désordre du moment où les Turcs sont entrés dans ce droit par des stipulations générales.

Et cependant ce péril n'est pas le plus menaçant qu'il y ait lieu de signaler dans les capitulations ; car elles vont jusqu'à compromettre la paix entre les princes chrétiens qui revendiquent la périlleuse application de ces traités.

Lorsque le pavillon français planait seul en Orient

sur la protection du commerce et des religions de toutes les nations européennes, les conflits résultant de cette protection ne pouvaient surgir qu'entre la Sublime-Porte et la France ; depuis que les priviléges réservés aux Français ont été étendus à tous les peuples alliés de la Sublime-Porte, ces priviléges ont servi d'instrument à leurs rivalités et leur ont fourni des cas de guerre.

Sans remonter bien loin dans l'histoire, on peut reconnaître que la lutte, qui vient d'ensanglanter l'Orient, est sortie de ces élémens de discorde dont les siècles derniers ont légué à l'Europe le fatal héritage. Un conflit de priviléges à Jérusalem, entre des religieux grecs et catholiques, s'est transformé en une guerre européenne.

Lorsque les relations de la France et de la Russie étaient sur le pied de l'intimité, les diplomates de ces deux pays ne pouvaient, sans de grands efforts, apaiser les luttes que l'antagonisme de leurs co-réligionnaires soulevaient journellement et dont le principe était consacré par leurs capitulations. Il était évident que le jour où la France et la Russie auraient un intérêt quelconque à épouser ces querelles, soit pour attaquer l'indépendance de l'Empire ottoman, soit pour la défendre, il dépendait de leur caprice de faire sortir un cas de guerre de la question des lieux saints. L'événement n'a laissé aucun doute à ce sujet.

Il est donc permis de dire que les capitulations

mettent en péril non-seulement la paix au sein de l'Empire ottoman, mais encore la paix entre les princes chrétiens.

Si l'Europe veut sincèrement, comme il est juste de le croire, achever l'œuvre qu'elle a si glorieusement commencée, et résoudre autant qu'il est en son pouvoir, le double problème de la question d'Orient, la ligne à suivre est toute tracée.

Les souverains de Constantinople ont manifesté la ferme résolution de vaincre les obstacles qui peuvent se rencontrer au sein de l'Empire ; l'Europe doit, à son tour, écarter toutes les difficultés qui viennent du dehors et qui pourraient entraver l'action du sultan.

La France avait fait, en 1535, les premières conquêtes réclamées par la civilisation et la tolérance ; le temps a marché et réclame de nouveaux progrès ; il appartient à l'Europe de se concerter aujourd'hui, pour donner à notre époque ces légitimes satisfactions.

L'œuvre sera grande et digne de celle qui a été accomplie par les armes ; l'Europe a donné au monde l'exemple d'une politique nouvelle, qui implique de nouvelles résolutions. Noblesse oblige ; ce n'est pas aux vainqueurs qu'il est besoin de le rappeler. Quant à ceux que le sort des armes n'a pas favorisés, *ils* comprendront qu'il y aura pour eux quelque gloire à concourir à cette œuvre de rénovation. Ils reconnaîtront, d'ailleurs, que la réforme serait inefficace si elle n'était acceptée par tous, et qu'après des combats de géants il importe d'arriver à des résultats vraiment sérieux.

Enfin, nous appellerons l'attention de tous sur un complément indispensable de la réforme des capitulations, sur le principe qu'il convient d'appliquer à la constitution d'un nouveau droit international.

Réformer d'un commun accord ce qui existe, ne serait que remplir à demi la mission que les circonstances imposent à l'Europe. Il faut, de plus, que les puissances chrétiennes se concertent pour régler l'avenir, dans l'intérêt le mieux entendu de la civilisation. Or, ce but serait complétement atteint, si elles consentaient à se placer toutes sur un pied d'égalité en Orient et à demander à la Turquie un même traité de commerce.

Au point de vue politique, il est évident que la question sera résolue conformément à ce principe d'égalité. Les conférences de Paris ne pouvaient pas avoir un autre but.

Les détroits ne peuvent plus être ouverts et fermés, qu'aux mêmes conditions, à tous les pavillons étrangers. Les droits des Grecs et des catholiques ne peuvent plus être l'objet de protections rivales ; il ne peut plus y avoir que des chrétiens en Turquie, et le sultan ne peut être responsable, vis-à-vis d'une puissance particulière, des engagements qu'il a pris vis-à-vis de lui-même et à la face de l'Europe.

Au point de vue commercial, les capitulations sont les mêmes pour tous les alliés de la Turquie ; l'égalité existe en fait, nous demandons qu'elle soit établie en principe, c'est-à-dire que les droits acquis soient respectés et consacrés pour l'avenir. Donner cette base uniforme et invariable aux relations des puissances européennes en Orient, ce serait accomplir le progrès le plus favorable à la civilisation, car ce serait donner la garantie la plus sûre au repos et à la prospérité de l'Empire ottoman.

Il est facile de comprendre que l'égalité des tarifs, admise en principe, doit couper court aux rivalités, aux luttes d'influence, qui sont toujours des occasions de troubles dans les relations internationales. L'égalité des tarifs, en fait, est un bienfait passager, dû au hasard des négociations; mais le fait n'exclut pas le droit de chacun de travailler à détruire cette égalité à son profit; il laisse la porte ouverte à toutes les compétitions, à toutes les subtilités que la tarification douanière peut inventer pour créer des préférences et des monopoles.

On a si bien compris que les relations commerciales des peuples ne pouvaient reposer indéfiniment sur cette base, qu'on n'a pas craint de proposer un système qui la renverse de fond en comble, un système dont le nom seul est une révolution complète, c'est-à-dire le système du libre échange.

Placer tous les peuples sur un pied d'égalité absolue n'est pas ce que nous demandons, ce serait sacrifier le passé et le présent à un avenir incertain et périlleux. Le libre échange n'est pas le remède au mal que l'on veut guérir. Le libre échange, il faut l'avouer, c'est l'inégalité sous l'apparence de l'égalité; c'est la négation de tous les droits acquis; c'est la suppression de tous les droits de douane, c'est-à-dire de la ressource financière la plus indispensable et la plus facile à recueillir; c'est la libre concurrence de toutes les nations puissantes contre toutes les nations faibles; en un mot, c'est le sacrifice de toutes les garanties que peuvent réclamer le commerce et l'industrie d'un pays.

Le remède que nous proposons, c'est l'égalité des tarifs en faveur de toutes les nations qui négocient avec une autre, sous la réserve des droits de protection que celle-ci croira devoir maintenir dans son intérêt et qu'elle opposera à tous sans exception. Grâce à ce système, l'égalité est proclamée dans des limites qui ne compromettent aucun intérêt national; les droits de douane sont conservés au profit du Trésor; la concurrence s'établit entre les nations étrangères au profit de la consommation nationale; les garanties nécessaires au commerce et à l'industrie sont respectées.

Il faut se féliciter que le fait de l'égalité des tarifs ait été presque généralement consacré par les capitulations à l'égard des nations chrétiennes; car il résulte de ce fait heureusement accompli, qu'il ne reste plus, comme nous l'avons dit, qu'à le systématiser pour consacrer un principe qui renferme, dans les relations commerciales, le germe le plus fécond pour la civilisation de l'Orient, un principe qui, déjà, est la base des relations politiques de l'Empire ottoman avec tous les peuples.

Résoudre le second problème de la question d'Orient, c'est achever de résoudre le premier, et ce complément glorieux d'une intervention qui n'a pas eu d'exemple dans l'histoire, donnera à la cause de la civilisation des garanties égales à celles que l'équilibre de l'Europe a reçues du congrès de Paris.

Paris, 28 mars 1856.

LE DUC DE VALMY.

www.ingramcontent.com/pod-product-compliance
Lightning Source LLC
LaVergne TN
LVHW020514230826

846091LV00008BA/3482

9782013587037